HOMENS FORTES

JOHN CROTS

HOMENS FORTES

Um Guia Básico para a Liderança Familiar

FIEL
Editora

C951h   Crotts, John
         Homens fortes : um guia básico para a liderança familiar / John Crotts ; [tradução: Laura Macal]. – 2. ed. – São José dos Campos, SP: Fiel, 2019.

         70 p.
         Tradução de: Mighty men.
         Inclui referências bibliográficas.
         ISBN 9788581326443

         1. Liderança - Aspectos religiosos - Cristianismo. 2. Família - Aspectos religiosos – Cristianismo. 3. Homens cristãos - Vida religiosa. 4. Maridos - Vida religiosa. I. Título.

                                                        CDD: 248.8425

Catalogação na publicação: Mariana C. de Melo Pedrosa – CRB07/6477

Homens Fortes
Um Guia Básico para a Liderança Familiar

Traduzido do original em inglês: *Mighty Men The Starter's Guide to Leading Your Family*

Copyright © 2004 Grace & Truth Books

■

Copyright © 2006 Editora Fiel
1ª Edição em Português: 2006
2ª Edição em Português: 2019

Todos os direitos em língua portuguesa reservados por Editora Fiel da Missão Evangélica Literária

PROIBIDA A REPRODUÇÃO DESTE LIVRO POR QUAISQUER MEIOS SEM A PERMISSÃO ESCRITA DOS EDITORES, SALVO EM BREVES CITAÇÕES, COM INDICAÇÃO DA FONTE.

■

Diretor: Tiago J. Santos Filho
Editor: Tiago J. Santos Filho
Coordenação editorial: Gisele Lemes
Tradução: Laura Lopez Macal
Revisão: Marilene Pascoal, Ana Paula Eusébio Pereira e Daniel Deeds
Diagramação: Edvânio Silva
Capa: Edvânio Silva
ISBN impresso: 978-85-8132-644-3
ISBN e-book: 978-85-8132-600-9

FIEL Editora
Caixa Postal 1601
CEP: 12230-971
São José dos Campos, SP
PABX: (12) 3919-9999
www.editorafiel.com.br

Índice

Capítulo 1
A importância da liderança espiritual 7

Capítulo 2
O valor do caráter 15

Capítulo 3
Os instrumentos da liderança familiar 29

Capítulo 4
Comunicação 59

CAPÍTULO 1

A importância da liderança espiritual

Duas filas se formaram à entrada da igreja, numa reunião para homens. Uma longa fila permanecia em frente à porta marcada: "Homens que *não* são os líderes espirituais de suas famílias". Na outra porta, lia-se: "Homens que *são* os líderes espirituais de suas famílias". Somente um homem permaneceu nesta fila. Quando lhe perguntaram qual era o seu grande segredo, ele deu de ombros e respondeu: "Apenas estou onde minha esposa mandou que eu ficasse".

Há uma necessidade evidente em nossos dias por homens que assumam a liderança espiritual de suas famílias. Ao invés de abraçarem o papel e as responsabilidades que Deus lhes confiou, muitos homens que alegam ser seguidores de Cristo ou são ditadores ou são "moles". Certamente, muitas expectativas e idéias erradas nublaram a verdade nesta área da vida em família. O objetivo deste livrete é motivar, equipar e encorajar homens a incrementarem sua liderança espiritual em casa. Primeiramente, vamos tentar resumir a liderança espiritual em seus componentes básicos, para, então, buscar conselhos práticos que implementem as questões mais importantes em sua família.

Todavia, antes de iniciar, temos de considerar a vasta importância dos homens tornarem-se líderes de família e crescerem como tais. Observemos quatro fatores que demonstram quão importante é este tópico.

Primeiro, importa aos homens liderarem suas famílias *porque Deus os fez líderes*. Em 1 Coríntios 11.3, lemos: "Quero, entretanto, que saibais ser Cristo o cabeça de todo homem, e o homem, o cabeça da mulher, e Deus, o cabeça de Cristo". Esta verdade ecoa em Efésios 5.22-23, que diz: "As mulheres sejam submissas ao seu próprio marido, como ao Senhor; porque o marido é o cabeça da mulher, como também Cristo é o cabeça da igreja, sendo este mesmo o salvador do corpo".

Você notou que nenhum destes versos *ordena* que o esposo se *torne* o cabeça ou líder de sua casa? Deus diz que o esposo *é* o líder. A única pergunta é se ele é um bom líder ou não![1] Após uma cerimônia de comissão, um novo oficial no exército é líder por patente, mas a liderança tem de ser estabelecida na prática. Acontece o mesmo nos casamentos! Você alcança o posto após os votos matrimoniais, mas precisa colocar a liderança em prática. Você precisa assumir as responsabilidades do papel estabelecido por Deus para você!

O segundo fator que mostra a importância na questão de homens na liderança dos lares é o efeito *"multiplicar"*. Se o pai andar com Deus e ensinar sua esposa e seus filhos a amarem a Deus e obedecerem à sua Palavra, esse homem terá uma família forte. Uma família forte, por sua vez, tem o potencial para influenciar poderosamente tanto a igreja quanto a sociedade.

O Salmo 127.3 chama os filhos de herança e galardão de Deus. Este salmo compara nossos filhos a flechas numa

---

[1] O conceito de liderança obrigatória de um marido é elaborado por Douglas Wilson, *Reforming Marriage* (Moscow, Canon Press, 1995), pp. 21, 22.

aljava. "Como flechas na mão do guerreiro, assim os filhos da mocidade. Feliz o homem que enche deles a sua aljava; não será envergonhado, quando pleitear com os inimigos à porta"(Sl 127.4-5). Enquanto o mundo luta mais e mais contra Deus, um lar cristão resiste na batalha contra a crescente maré de invasão do mundo. Quando "lançamos" nossos filhos, munidos com corações cheios da verdade da Palavra de Deus, eles são como instrumentos para o reino de Cristo.

Você quer influenciar sua igreja e sua cidade para o Senhor Jesus Cristo? Tal influência começa com homens mentalmente fortes e espirituais, cuja liderança se reproduz numa família forte. Famílias fortes formam as bases de uma boa igreja. Por fim, sua cidade inteira sentirá a força espiritual de tão fiel igreja! "Vós sois a luz do mundo. Não se pode esconder a cidade edificada sobre um monte" (Mt 5.14).

Contudo, o efeito "multiplicar" também pode se mover em outra direção. Um pai ditador ou um pai "mole" é, de maneira geral, um peso morto que atravanca o progresso espiritual de um lar. Famílias fracas, por sua vez, atrofiam os músculos da igreja. Igrejas aleijadas acabam desgastando a cultura, ao invés de promoverem seu bem. Sua falha como cristão literalmente contribui para o prejuízo espiritual de sua cidade. Por conseguinte, sua liderança espiritual é importante por causa da influência que causa nos outros, para o bem ou para o mal.

Terceiro, *a ausência de liderança por parte do marido é a preocupação número um de muitas mulheres cristãs*. Se você fizesse um levantamento das preocupações das mulheres em cada igreja evangélica de sua cidade, não tenho dúvidas do que estaria no topo da lista ou próximo ao topo. Freqüentemente, ao aconselhar casais, os pastores escutam: "Gostaria que meu marido se tornasse o líder espiritual de nossa casa".

Infelizmente, quando as esposas dizem tal coisa, os homens ouvem algo bem diferente do que elas realmente estão dizendo! Muitos homens presumem que sua esposa espera que eles se tornem a quarta pessoa da Trindade. Muitos homens imaginam que a esposa cristã não ficaria satisfeita com nada menos que o apóstolo Paulo. E devido aos homens saberem que nunca estarão à altura da Trindade ou do apostolado, muitas vezes acabam desistindo e não tentam, de forma alguma, liderar seu lar. Contudo, não podemos nos utilizar disso como pretexto. Lembre-se de que *somos* designados por Deus como líderes de nosso lar; a esposa, com razão, deseja que assumamos esta responsabilidade.

A esposa quer ser liderada por seu marido porque Deus a designou para ser liderada. Embora a mulher em nada seja inferior ao homem, Deus estabeleceu papéis distintos para ambos. Em Gênesis 2.18, Deus relata a origem do matrimônio: "Disse mais o SENHOR Deus: Não é bom que o homem esteja só; far-lhe-ei uma auxiliadora que lhe seja idônea". Deus fez Eva sob medida para ser auxiliadora de Adão.

É possível pendurar quadros na parede usando uma chave inglesa, mas um martelo faz o trabalho muito melhor. Sabemos que ferramentas funcionam melhor quando desempenham a função para a qual foram criadas. Infelizmente, muitas mulheres são obrigadas a tomarem a liderança nas coisas espirituais porque o "Sr. Martelo" está inerte na frente da TV! Por conseguinte, tanto maridos como esposas serão mais bem-sucedidos quando exercerem os papéis que receberam de Deus.

Finalmente, *o fato de que o matrimônio representa a imagem de Cristo e da igreja* mostra a importância de homens que lideram sua família. Deus diz que os casais, em seu proceder, representam o traço característico de como Jesus Cristo se relaciona com sua igreja. "As mulheres sejam submissas ao seu próprio marido, como ao Senhor; porque o marido é o cabeça da mulher, como também

Cristo é o cabeça da igreja, sendo este mesmo salvador do corpo. Como, porém, a igreja está sujeita a Cristo, assim também as mulheres sejam em tudo submissas ao seu marido. Maridos, amai vossa mulher, como também Cristo amou a igreja, e a si mesmo se entregou por ela" (Ef 5.22-25).

Você transmite a verdade de Cristo, se lidera sua esposa com amor, sacrifício e abnegação. Porém, se você é um egoísta incapacitado ou um ríspido ditador, está mentindo sobre Jesus diante do mundo que lhe observa. O pastor e escritor Douglas Wilson diz, apropriadamente: "Cada casamento, em cada lugar do mundo, é uma ilustração de Cristo e a igreja. Por causa do pecado e da rebeldia, muitas ilustrações são infamantes mentiras concernentes a Cristo. *Mas um marido jamais deixa de falar sobre Cristo e a igreja.* Se ele é obediente a Deus, está pregando a verdade; se ele não ama sua esposa, está proferindo apostasia e mentiras — mas, de qualquer forma, ele está sempre falando".[2]

Quão importante é a sua liderança espiritual? Ainda que não tenha de unir-se à Trindade ou tornar-se um apóstolo, Deus designou você como cristão para esta

---

2 *Idem*, p. 23.

tarefa desafiadora. A boa notícia é que Deus suprirá graciosamente a força e habilidade que você precisa para realizar a tarefa. Deus não promete o carro do ano ou uma casa maior pela qual você possa estar orando, mas *esteja certo* de que Deus responderá suas preces por auxílio para ser o homem que Ele espera que você seja.

Ao considerar a seriedade de seu papel como homem, olhe para o Senhor Jesus. Ele é o perfeito modelo de liderança espiritual. Não há melhor exemplo de amor, serviço, responsabilidade, santidade e mansidão. Jesus mostra aos homens como serem fortes e ternos ao mesmo tempo. Sua morte na cruz e ressurreição são também as razões indispensáveis para olharmos para Ele. Todos nós temos falhado, de muitas maneiras, em viver nosso ilustre chamado como líderes espirituais, mas Jesus é a fonte do perdão e da consciência límpida. Ao começar a entender e praticar os fundamentos da liderança espiritual, mantenha sempre os olhos fitos em Jesus, o líder perfeito.

CAPÍTULO 2

O valor do caráter

O que faz um homem digno de ser seguido? Certamente, alguns são líderes somente por título ou posição. Mas, o tipo de homem que inspira outros a segui-lo é um homem de *virtude* ou *caráter*. Dwight Eisenhower, ex-general e ex-presidente dos Estados Unidos, certa vez disse: "Para ser líder, um homem deve ter seguidores. E, para ter seguidores, este homem precisa obter a confiança deles. Portanto, a suprema qualidade de um líder é a integridade inquestionável. Sem isso, não há possibilidade de nenhum sucesso real...

Se os companheiros acharem-no culpável de falsidade, se o acharem carente de integridade, ele falhará. Seus ensinamentos e ações precisam concordar entre si. Por conseguinte, a primeira grande necessidade de um líder é integridade e excelente determinação".[1]

A despeito do fato de que muitos líderes procuram menosprezar a importância do caráter na "vida particular" de uma pessoa, certamente aquilo que um homem é em sua privacidade afeta profundamente sua vida pública. Se um homem prova sua integridade em cumprir obrigações básicas para com sua esposa e filhos, ele provavelmente será confiável nos outros compromissos da vida.

Tendo estabelecido a importância da liderança espiritual, no capítulo anterior, podemos agora tratar de sua essência. Entender os elementos essenciais da liderança espiritual proporciona a motivação e o equipamento que precisamos para avançar no papel que Deus nos confiou. Qual é o primeiro passo para ser um líder espiritual? Liderança começa em *seu* coração e *sua* vida. Se você não consegue liderar a si mesmo, não conseguirá liderar outros.

---

1 David J. Vaughan, *The Pillars of Leadership* (Nashville, Cumberland House Publishing, Inc., 2000), p. 29.

Todas as companhias aéreas têm vídeos de segurança ou instruções pessoais que incluem informação sobre a perda de pressurização da cabine. Se a cabine de uma aeronave perde pressurização, máscaras de oxigênio caem sobre os assentos. Os pais são orientados a *primeiramente* colocarem suas próprias máscaras, *antes* de arrumar a colocação das máscaras de seus filhos. Um pai ou uma mãe que desmaia na tentativa de colocar a máscara em seu filho, não será de ajuda para si mesmo ou para a criança! Esta ilustração é também uma verdade na liderança familiar. Você precisa antes cuidar de seu coração e de sua vida, para estar pronto a liderar sua família.

David Vaughan, em seu livro *The Pillars of Leadership* (Os Pilares da Liderança),[2] faz a observação perspicaz de que "a verdadeira liderança é muito mais profunda que qualquer influência ou vantagem, entretanto, pode trazer tanto uma como outra. Não é primariamente o que um homem faz, mas o que ele é — não a sua influência, mas seu caráter". Enquanto o caráter meramente possa parecer simplista ou superestimado como base da liderança, para líderes *espirituais* não há outro lugar por onde começar! J. R. Miller, um devotado pastor do século dezenove,

---

2 *Idem*, p. 20.

expressou com simplicidade: "O marido tem sua parte. Ele deve ser um bom homem... Nenhum homem está preparado para ser marido, se não for um bom homem. Ele não precisa ser importante, nem rico, nem brilhante, nem inteligente, mas tem de ser bom, ou não é digno de ter a dócil, confiável e terna vida de uma esposa sob seus cuidados".[3]

Existem ao menos três simples razões pelas quais um caráter piedoso é o primeiro componente da liderança espiritual. Primeiro, Jesus ensinou: *raiz produz fruto* (Mt 7.15-20). Este conceito é verdadeiro tanto na sua vida como na sua família! Um *coração* voltado para o Senhor será manifestado em uma *vida* voltada para Deus. Sua santidade vai produzir frutos em sua esposa e filhos.

Segundo, *se o seu exemplo diferir de suas palavras, sua família seguirá o seu exemplo!* As pessoas não seguem líderes aos quais não respeitem. Você pode fazer-se eloqüente em dizer a seus filhos que Jesus é a prioridade na vida, mas, se eles o virem faltando à igreja em três de cada quatro domingos, a fim de ter divertimento, suas palavras parecerão fingidas. Não apenas os pregadores

---

[3] J. R. Miller, Secrets of Happy Home Life (Vestavia Hills, Solid Ground Christian Books, publicado originalmente em 1894, reimpresso em 2002), pp. 4, 5.

têm de "praticar o que pregam". Dizer: "Faça o que eu digo, mas não faça o que eu faço" não inspirará o coração de sua esposa e filhos.

A terceira razão pela qual um caráter piedoso é a base da liderança espiritual, é que *pessoas foram criadas para imitar*. Jesus não desceu do céu somente para morrer na cruz, ressuscitar e, então, "voar" de volta para o céu. Ele veio para viver com seus discípulos. Ele os ensinou verbalmente, *e viveu esses ensinamentos*, dando 33 anos de exemplo perfeito. A liderança espiritual que você precisa assumir tão seriamente deve começar em seu coração e em sua vida.

Requisitos bíblicos para liderança

A Bíblia sempre requer santidade nos homens que lideram. Em Êxodo 18, Jetro disse a Moisés que ele precisava recrutar homens para ajudá-lo a julgar a nação de Israel. Disse que se escolhessem "homens capazes, *tementes a Deus, homens de verdade, que aborreçam a avareza*" (Êx 18.21). As habilidades que Moisés teria de procurar, brotariam do forte caráter de santidade deles. Talvez teria sido mais fácil, inicialmente, escolher homens que fossem populares com as pessoas ou que tivessem um currículo de empreendimentos seculares bem-sucedidos, sem preocupação com a atitude do coração deles para com Deus. Mas, a longo prazo, o povo de Deus sofreria espiritualmente, porque das raízes desses corações carnais teriam nascido frutos maus.

Em Atos 6.1-2, entre o grande grupo de cristãos que ainda vivia em Jerusalém, algumas viúvas eram negligenciadas na distribuição de alimento. A solução foi selecionar "sete homens de *boa reputação, cheios do Espírito e de sabedoria*, aos quais encarregaremos deste serviço" (At 6.3). Mesmo para supervisionar o atendimento às mesas, *caráter* era o que predominava na descrição para executar o trabalho. A habilidade também estava incluída — "aos quais encarregaremos deste serviço" — mas caráter era a exigência chave. Os homens teriam que ser bons, sábios e cheios do Espírito de Deus, para se adequarem à tarefa.

As qualificações bíblicas para os oficiais da igreja, presbíteros e diáconos contêm vários requisitos de *virtudes* (sobriedade, autocontrole, gentileza e desapego ao dinheiro); e ainda contêm outros requisitos sobre *habilidades* específicas (veja 1 Tm 3 e Tt 1). As duas listas, contudo, incluem ou começam com a qualificação *"irrepreensível"*. Se outros puderem apontar uma falha moral visível na vida de um homem, então, ele não é irrepreensível e não estará capacitado a servir em nenhum desses ofícios!

Como pastor, dê-me dois ou três homens santos para liderarem a igreja comigo, em vez de cinco ou seis experimentados líderes seculares de integridade questionável. Como é verdadeiro em políticos, também o é em todos os líderes; não importa o quanto uma pessoa promete, se não tem caráter para manter sua palavra. A maior dádiva que você pode dar a sua esposa e filhos é sua santidade pessoal. Ainda que não seja um padrão perfeito, esta postura deve ser consistente com um crescimento em santidade.

O âmago de um caráter piedoso

Você não pode levar sua família a seguir Jesus, se pessoalmente não é um seguidor de Jesus. Você já chegou a uma posição em sua vida onde parou de confiar em si mesmo e em sua própria bondade, para ter um correto relacionamento com Deus? A única maneira de uma pessoa ser verdadeiramente perdoada e justificada perante o Senhor é pela fé no Senhor Jesus Cristo. Ele obedeceu perfeitamente às leis de Deus e morreu na cruz como sacrifício substitutivo pelos pecadores. Três dias depois, Deus O ressuscitou da morte, e Ele oferece perdão a todos que invocarem seu nome. A Bíblia diz: "O salário do pecado é a morte, mas o dom gratuito de Deus é a vida eterna em Cristo Jesus, nosso Senhor" (Rm 6.23). Você começa a ser um líder espiritual, quando deixa seu pecado e se apega a Cristo.

Disciplinas espirituais

É sempre difícil para um atleta conseguir fazer sucesso, após ter permanecido sem treinar, enquanto tentava conseguir um contrato melhor. Ele pode ter obtido a melhor performance como amador, mas, depois de passar algum tempo sem treinamento, sua precária condição física e a falta de conhecimento das táticas do time impedirão o seu sucesso. Infelizmente, o mesmo pode ser dito dos líderes familiares. Muitos homens procuram liderar suas famílias, mas agem como desportistas que aguardam uma oferta melhor. Sim, eles crêem em Cristo, mas ou são crentes neófitos, malnutridos, ou são muito ocupados com as coisas do mundo, para progredirem seriamente em maturidade cristã. Sua falta de tempo para o treinamento impede sua liderança espiritual.

Paulo nos diz que o caminho para crescer em maturidade é gastar tempo treinando no Ginásio de Deus. 1 Timóteo 4.7-8 diz: "Mas rejeita as fábulas profanas e de velhas caducas. Exercita-te, pessoalmente, na piedade. Pois o exercício físico para pouco é proveitoso, mas a piedade para tudo é proveitosa, porque tem a promessa da vida que agora é e da que há de ser". A palavra grega traduzida por "exercita" deu origem ao nosso vocábulo "ginásio". Precisamos nos utilizar dos meios que o Espírito Santo usa para desenvolver o caráter piedoso em nós. Consideremos três disciplinas espirituais básicas.

1) Leitura bíblica

Como leite para um bebê, assim é a Bíblia para o cristão. Pedro disse: "Desejai ardentemente, como crianças recém-nascidas, o genuíno leite espiritual, para que, por ele, vos seja dado crescimento para salvação" (1 Pe 2.2). No Salmo 19, Davi analisa o efeito poderoso da Bíblia na vida de uma pessoa. "A lei do SENHOR é perfeita e restaura a alma; o testemunho do SENHOR é fiel e dá sabedoria aos símplices. Os preceitos do Senhor são retos e alegram o coração; o mandamento do Senhor é puro e ilumina os olhos. O temor do Senhor é límpido e permanece para sempre; os juízos do Senhor são verdadeiros e todos igualmente, justos" (Sl 19.7-9). Estas seis descrições das Escrituras esclarecem que, se você quer progredir no caráter cristão, a Bíblia deve fazer parte de sua dieta diária!

2) Oração

Se a Bíblia é o Senhor falando conosco, a oração somos nós falando com Deus. Certa vez, Jesus contou uma história para ensinar-nos "o dever de orar sempre, e nunca esmorecer" (Lc 18.1). Em outra parte, Paulo ordenou aos crentes: "Orai sem cessar" (1 Ts 5.17). Certamente, ser um líder espiritual envolve orar por sua esposa e filhos, mas também é essencial orar por si mesmo! Se você quer crescer em maturidade cristã, precisará da ajuda de Deus. Peça a Ele que o faça sábio, santo, fiel, amoroso e forte — alguém que entenda e viva a verdade da Bíblia. Às vezes, eu também tenho de pedir energia e humildade para brincar de bonecas com minha filha, ao fim de um dia estressante!

3) Envolvimento na igreja

A vida cristã não foi planejada para ser vivida de modo solitário. Embora sejamos individualmente responsáveis por seguir a Cristo, fomos feitos por Ele com a necessidade de convivermos com outros cristãos. Precisamos do exemplo, da responsabilidade, do discernimento nas Escrituras e do encorajamento prático de outros. Hebreus 10.25 nos diz para não deixarmos de congregar, como é costume de alguns, mas para encorajarmo-nos uns aos outros, especialmente ao vermos que a volta de Jesus se aproxima. Este encontro regular de encorajamento é a reunião da igreja.

Uma das coisas mais importantes que você pode fazer para crescer em santidade é ser membro ativo de uma igreja onde a Palavra de Deus é fielmente pregada e vivida. Se você não estiver ligado a outros, na família da igreja, todo o seu entendimento prático do papel de marido estará minado. Ainda que alguns objetem que o sério envolvimento na igreja toma o tempo da família, seu avanço em maturidade cristã realmente intensificará cada momento em que vocês estiverem juntos. Embora seja possível exceder-se no tempo dedicado à igreja, o problema mais típico é não envolver-se!

Não é tão exagerado dizer que, se você pratica estas disciplinas fielmente, provavelmente já esteja progredindo como líder espiritual. Contudo, se você não "se exercita" constantemente no Ginásio de Deus, poderá ler todos os manuais de como ser um bom marido e pai, e, ainda assim, falhar como líder espiritual. Aquele que espera um cargo ideal para começar a praticar aquilo que já aprendeu, não é um líder eficiente! Você pode ser capaz de liderar sua família já na "categoria amador", mas dificilmente será tão nobre quanto na grande "categoria profissional" de avanço do reino de Cristo neste mundo!

Um ex-líder militar e ex-presidente dos Estados Unidos, Teddy Roosevelt, disse: "Antes que um homem possa disciplinar outros homens, precisa demonstrar sua habilidade em disciplinar a si mesmo. Antes de ser-lhe permitido comandar a comissão, ele precisa evidenciar o domínio de seu próprio caráter. Depois, olhe para o trabalho de suas mãos. Ouça as palavras de sua boca. Pelos seus frutos o conhecerá".[4] As Forças Armadas podem procurar por alguns homens bons, mas o Senhor está buscando homens bons e piedosos, para liderarem a

---

4 David J. Vaughan, *Op. Cit.*, p. 31.

si mesmos em santidade e, assim, estarem preparados para levar sua esposa, filhos, igreja e sociedade à santidade! Você se comprometerá, pela graça de Deus, a ser um desses homens? Você dedicará seu coração a Jesus Cristo? Você se exercitará no Ginásio de Deus, para crescer em maturidade cristã? Deus o ajudará. Os homens de Deus em sua igreja o ajudarão. Você poderá fazê-lo pela graça de Deus e para a glória de Deus!

CAPÍTULO 3

Os instrumentos da liderança familiar

O proprietário de uma loja, que passara de pai para filho, decidiu contratar alguém para administrar seu estabelecimento. Quando o homem certo foi encontrado, o dono explicou detalhadamente todas as responsabilidades inseridas no contrato. O gerente teria autoridade para contratar e demitir funcionários, repor estoque e manter as prateleiras cheias e vender aquelas mercadorias com lucro. Mas, acima de tudo, o gerente seria encarregado de zelar pela boa reputação da família que fundara a loja.

Depois de algum tempo, os funcionários começaram a ficar preguiçosos; não iam trabalhar na hora certa, faltavam dias e dias seguidos, passaram a roubar a loja e a nutrir atitudes que repeliam os clientes. Quem você pensa que o proprietário responsabilizou pelo mau comportamento dos empregados? O gerente, é claro.

Um bom gerente exercita sua supervisão, corrige as falhas dos funcionários, encoraja-os, ajuda-os a desempenharem bem suas funções e utiliza suas habilidades e as áreas onde são mais capazes, a fim de fazer da loja a melhor que pode ser. Embora alguns problemas na loja possam persistir, a prosperidade aumentará notavelmente, enquanto o gerente faz o seu trabalho.

Uma das qualificações para ser presbítero ou diácono na igreja é ser um bom administrador do lar. 1 Timóteo 3.4-5 diz: "E que *governe bem a sua própria casa*, criando os filhos sob disciplina, com todo ao respeito (pois, se alguém não sabe governar a própria casa, como cuidará da igreja de Deus?)". Da mesma maneira, o diácono é direcionado a ser alguém que "*governe bem seus filhos e a própria casa*" (1 Tm 3.12).

Alguém observou que essas qualificações são notavelmente simples. Embora seja verdade que muitas igrejas estão sofrendo por causa de homens impiedosos na liderança, também é verdade que o requisito básico para servir na igreja é um caráter piedoso e sincero. *Todo homem cristão* deve crescer em cada uma das virtudes ordenadas em 1 Timóteo 3 e Tito 1, incluindo ser um fiel administrador de sua família.

Ainda que você nunca tenha assinado um contrato, especificando cada uma das responsabilidades administrativas que assumiu no dia de seu casamento, você fez votos perante Deus para ser um esposo. Deus é o proprietário de sua família, mas Ele encarregou os maridos de serem seus bons administradores. Ele cobrará de você o bem-estar de sua casa!

Mas, como eu faço isso?

Como vimos no capítulo anterior, o primeiro ponto no qual você precisa trabalhar é em sua caminhada pessoal com Deus. Não há, na liderança de uma família, outro meio para ser um homem segundo o coração de Deus. Mas, a fim de explicar a liderança espiritual de maneira prática, vamos examinar sete tarefas de um líder familiar.

Sete tarefas de um líder familiar

1) Assuma sua responsabilidade

Aqueles que tentam se esquivar do fato de que Deus os designou para serem cabeça de suas famílias, são como criancinhas que tentam se esconder cobrindo seus olhos com as mãos. O único ingênuo neste jogo é o que está brincando! A Bíblia diz que o homem é o cabeça da mulher (ver 1 Co 11.3). Em vez de tampar seus olhos, prossiga e envolva-se na responsabilidade que Deus lhe confiou.

Faça um inventário

Como aquele novo gerente, comece fazendo um inventário. É importante avaliar onde você, sua esposa e cada um de seus filhos estão, espiritual e fisicamente. Se os funcionários da loja não estão cumprindo suas responsabilidades, o proprietário chamará o gerente a prestar contas a respeito disso. Você sabe como está a caminhada de sua esposa com Deus, ultimamente? O que ela tem descoberto na Bíblia? Em que circunstâncias ela tem sido tentada a pecar? O que pode ser feito para aliviar seu fardo? Que provações seus filhos têm experimentado? Como eles têm respondido às pressões? Eles vão a Deus em oração? Conhecer o bem-estar de sua família é parte crucial em assumir a responsabilidade de colocá-los onde precisam estar.

Tome a iniciativa

Saber o estado de sua família não é o suficiente para um líder. Um líder familiar precisa tomar a iniciativa. Embora você saiba onde está e aonde quer ir, o carro não se moverá, até que alguém pise no acelerador. Muitas famílias estão sendo dirigidas pelo ocupante do banco do passageiro! O marido é o cabeça de seu lar — precisa assumir sua responsabilidade de dirigi-lo!

Uma palavra valiosa no vocabulário de um iniciante é "Vamos". Ele reúne sua esposa e filhos e diz: "Vamos..." "Vamos convidar aquela nova família para um almoço." "Vamos ler a Bíblia juntos, nesta noite." "Vamos suprir a necessidade financeira daquela pessoa." Se você percebe estar *ouvindo* a palavra "vamos" mais do que *dizendo-a*, precisa ponderar sobre quem está tomando a iniciativa espiritual em seu lar.

Busque auxílio

Só porque você está "cantando de galo" em sua casa, não significa que deve ignorar a contribuição de sua esposa e de seus filhos. Deus lhe tem dado sua esposa como auxiliadora (Gn 2.18; 1 Co 11.8-9). Ela é de grande valia para você como líder. Um sábio administrador busca o auxílio de seus funcionários, principalmente nas áreas em que eles são mais hábeis. Muitos homens evitam as devastadoras conseqüências de uma má decisão, apenas por ouvir cuidadosamente os sábios conselhos de sua esposa.

Tome a decisão

Numa loja, todas as decisões se submetem à autoridade do gerente. É claro que um bom gerente delega responsabilidades a vários funcionários, mas ele tem de assumir a responsabilidade final até sobre as decisões tomadas por esses funcionários. Como Deus o designou cabeça de sua casa, você é responsável pelas decisões feitas debaixo de seu teto. Alguns homens preferem enterrar a cabeça na areia, enquanto outros agem como se não se importassem com o que a esposa faz (exceto para insultá-la, se as escolhas dela fracassam). Assumir responsabilidade inclui tomar decisões. Se você escolher seguir a decisão de sua esposa, deverá tomar posse desta escolha. Assim, a escolha dela se torna a *sua* escolha e, portanto, sua responsabilidade, independentemente dos resultados!

Às vezes, fazer boas escolhas requer trabalho. Assumir responsabilidade pode exigir tempo para que uma decisão seja bem analisada (talvez até exija que sejam listados os prós e os contras de cada escolha). Embora tudo deva ser feito com humildade diante de Deus, algumas decisões requerem séria oração. Ao fazer escolhas difíceis, pode-se encontrar ajuda nos conselhos de outros. Às vezes, um homem precisa buscar a melhor opção, mediante o estudo da Bíblia. Embora pareça mais fácil ignorar isso e esperar que sua esposa tome a decisão, lembre-se de que *você*, exclusivamente, será responsável pelo resultado desta escolha e que, portanto, deve estar intimamente envolvido na decisão.

Não use desculpas

Assumir responsabilidades e ficar dando desculpas são como água e óleo — não se misturam. Quando o proprietário informa-se sobre o andamento de sua loja, ele não ignora os desafios. Ele sabe que funcionários cometem erros. Sabe que fatores externos, por vezes, estão fora de controle para o gerente. Porém, ele também espera que seu gerente se responsabilize pelo bom andamento total da loja. Quando Deus o chamar a prestar contas do andamento de sua casa, não dê desculpas. Ele deu a você tempo suficiente e recurso, para exercer fielmente uma devotada supervisão. Deus estará procurando uma atitude de responsabilidade assumida pelo que tem confiado a você.

2) Supra as necessidades materiais de sua família

Muitos homens crêem erroneamente que suprir as necessidades materiais de sua família é o começo e o fim da liderança familiar. "Eu trago meu pagamento para casa. As contas estão pagas, e há comida na geladeira. Temos uma boa vida sexual. Que mais ela deveria esperar?"

Ser um líder familiar é certamente mais do que ser um provedor. Mas, por outro lado, não é menos que isso. Deus diz que um marido e pai deve trabalhar com empenho para prover as necessidades materiais de sua família. 1 Timóteo 5.8 caracteriza aquele que não supre sua família como um homem que tem "negado a fé e é pior do que o descrente"! 1 Coríntios 7.2-5 estabelece as responsabilidades do marido e da esposa um para com o outro.

> *Mas, por causa da impureza, cada um tenha a sua própria esposa, e cada uma, o seu próprio marido. O marido conceda à esposa o que lhe é devido, e também, semelhantemente, a esposa, ao seu marido. A mulher não tem poder sobre o seu próprio corpo, e sim o marido; e também, semelhantemente, o marido não tem poder sobre o seu próprio corpo, e sim a mulher. Não vos priveis um ao outro, salvo talvez por mútuo consentimento, por algum tempo, para vos dedicardes à oração e, novamente, vos ajuntardes, para que Satanás não vos tente por causa da incontinência.*

Embora seja errado assumir que essas necessidades físicas são a extensão de suas responsabilidades familiares, esteja certo de que Deus as requer de você.

3) Tenha o coração de um líder devotado

Um sargento é muito efetivo em conseguir que as coisas sejam feitas em seu pelotão. Contudo, Deus não quer sua esposa e filhos sempre fazendo flexões! Se a liderança espiritual é um potente carro de corrida, então, atitudes de um coração piedoso são a pista onde Deus quer que você corra com este carro. Embora você possa chegar mais rápido ao trabalho pilotando um carro de corrida pela rodovia, um autódromo é realmente o lugar apropriado para carros desse tipo! Então, asseguremo-nos de que estamos pilotando na pista certa! Examinemos quatro atitudes de coração que compõem o autódromo da liderança.

Amor sacrificial

O mais conhecido versículo na Bíblia com referência ao papel de um marido é Efésios 5.25, que diz: "Maridos, amai vossa mulher, como também Cristo amou a igreja e a si mesmo se entregou por ela". Quantas cerimônias de casamento incluíram belas palavras sobre o noivo sacrificando a vida por sua noiva? Infelizmente, muitos desses noivos argumentam depois da lua-de-mel: "Bem, eu não tive de morrer por ela hoje, então acho que estou livre dessa responsabilidade".

Uma atitude de amor sacrificial é um comprometimento muito mais profundo do que apenas estar disposto a arriscar sua vida, se necessário. Esse tipo de amor é demonstrado a vida toda. O marido deve servir a sua esposa todos os dias. Ele deve colocar as necessidades dela acima de seus próprios desejos. Para ser bem prático, por exemplo, ele deve sempre estar disposto a colocar o desejo dela em saber como foi seu dia acima de sua vontade de se jogar na poltrona e ler o jornal (ou assistir TV, ou trabalhar no computador).

Essa atitude cristã evita que maridos sejam ditadores e dominadores. Você não pode amar sua esposa como Jesus e escravizá-la de forma egoísta. Contudo, essa atitude também os impede de serem "moles". Você é chamado a ser um *líder* amoroso. Amor é a atitude que controla nossa liderança. O dedicado gerente de uma loja não segue seus funcionários o dia todo, tentando fazer o que eles querem que seja feito. Ele é responsável pelo bom andamento da loja. Enquanto uma atitude amável o previne de oprimir seus funcionários com sua autoridade, seus deveres o impedem de satisfazer-lhes em tudo.

Ternura

Mais adiante, no mesmo capítulo de Efésios, Paulo acrescenta esta instrução: "Assim também os maridos devem amar a sua mulher como ao próprio corpo. Quem ama a esposa a si mesmo se ama. Porque ninguém jamais odiou a própria carne; antes, a alimenta e dela cuida, como também Cristo o faz com a igreja; porque somos membros do seu corpo" (Ef 5.28-30). A palavra traduzida por *alimentar* traz a idéia de nutrir e criar até a maturidade. *Cuidar* significa aquecer, como um pássaro aquece ternamente seu filhote no ninho.[1] Sargentos geralmente não são caracterizados por atitudes de ternura!

Pense na forma como tratamos nossos corpos, quando estamos machucados. Os maiores, mais resistentes jogadores de futebol deixam cuidadosamente o campo quando sofrem alguma lesão. Eles não colocam muito peso na perna lesada. Usam compressas de gelo, cautelosamente. Tomam medicamento para aliviar a dor. Até fazem cara feia, quando alguém tenta tocar no ferimento. Esses rapazes são dos melhores, dos mais fortes no planeta e, ainda assim, se tornam frágeis, quando se trata de alguma lesão em seu corpo. Como você trata sua esposa, quando ela tem uma necessidade? Deus espera que tratemos nossa esposa com a mesma delicadeza que tratamos nosso próprio corpo!

Discernimento

Outro importante versículo sobre o papel dos maridos

---
1 Douglas Wilson, *Op. Cit.,* p. 42.

é 1 Pedro 3.7, que diz: "Maridos, vós, igualmente, vivei a vida comum do lar, com discernimento; e, tendo consideração para com a vossa mulher como parte mais frágil, tratai-a com dignidade, porque sois, juntamente, herdeiros da mesma graça de vida, para que não se interrompam as vossas orações". As palavras *"com discernimento"* poderiam ser literalmente traduzidas por "de acordo com o conhecimento".

Este discernimento parece incluir tanto conhecer os princípios de Deus como também conhecer sua esposa.[2] Os pais freqüentemente ficam admirados com as diferenças entre seus filhos. Um filho é ativo e tem gênio forte; enquanto o outro chora, se percebe um olhar de desapontamento da mãe ou do pai. Também é verdade que não há uma regra específica de como pastorear sua esposa. À medida que a Bíblia dá claramente ao marido suas responsabilidades, ele é ensinado a realizá-las com sensibilidade e consideração para com a esposa que Deus lhe deu. Algumas esposas respondem bem a instruções claras, enquanto outras precisam de mais açúcar para ajudar o remédio a descer. Você é sensível às melhores

---

2 Stuart Scott, *The Exemplary Husband* (Bemidji: Focus Publishing, 2000), pp. 198, 199.

maneiras de conduzir a esposa feita sob medida para você? Pergunte a ela! Um devotado líder espiritual precisa conhecer sua Bíblia, mas também precisa conhecer sua esposa!

Honra

Pedro também instruiu os maridos a mostrar "consideração para com a vossa mulher como parte mais frágil, tratai-a com dignidade, por que sois, juntamente, herdeiros da mesma graça de vida" (1 Pe 3.7). Honrar a parte mais frágil fala do precioso valor da esposa, como vaso fino ou uma peça rara de porcelana. Quando estou em lojas que vendem louças caras, sou extremamente cuidadoso. Se toco em alguma peça, manuseio com cuidado e apreço. Nesse caso, o fato de um vaso ser frágil, não é sinal de inferioridade, mas de supremo valor. Nossa esposa é dádiva preciosa do Senhor para nós. Precisamos considerá-la como tal.

Note que as esposas são também chamadas *"herdeiras convosco da mesma graça de vida"*. O que significa que, diante de Deus, o marido e a mulher são completamente iguais. Embora na terra tenhamos papéis diferentes, jamais pense em sua esposa como inferior a você perante Deus. Um exército é formado por soldados em diferentes cargos.

Um sargento veterano sabe fazer continência a um novo tenente como seu oficial superior. Mas este tenente seria um tolo em pensar sobre si mesmo como uma pessoa superior, apenas por causa de sua posição de liderança no exército. 1 Coríntios 11.3 nos relembra que mesmo na Trindade, o Pai e o Filho têm papéis diferentes: "Deus, o cabeça de Cristo". *Estes diferentes papéis, contudo, não encerram desigualdade.* Sempre trate sua esposa com respeito!

Estas piedosas atitudes de amor sacrificial, ternura, discernimento e honra são também importantes na criação de seus filhos. Efésios 6.4 diz que não devemos *provocar nossos filhos à ira*. Colossenses 3.21 admoesta os pais a não *desanimarem* seus filhos. Mesmo sendo chamados por Deus para liderarmos nossa família, não somos livres para fazê-lo da maneira que bem entendermos. Outros métodos podem aparentemente produzir alguns resultados efetivos (como métodos ditatoriais), mas devemos lidar com as coisas de Deus à maneira de Deus. Não é lícito fazermos nosso trajeto ao trabalho num carro de corrida. Ainda que isso nos faça economizar horas, pense no caos que tal carro poderia causar numa rodovia. Nossos carros de corrida devem ser usados no autódromo de Deus!

4) Ensine a Bíblia à sua família

John MacArthur, pastor e autor de *Successful Christian Parenting* (Paternidade Cristã Bem-Sucedida), resumiu as responsabilidades paternas nestes princípios:

* Ensine constantemente aos seus filhos a verdade da Palavra de Deus (Dt 6.7).
* Discipline-os quando agirem mal (Pv 23.13-14).
* Não os provoque à ira (Cl 3.21).[3]

Mesmo que pareça surpreendentemente simples, isso é realmente profundo. Em toda diversidade de estruturas familiares e diferenças entre filhos, estes princípios resumem a paternidade em sua essência. Nesta seção, quero considerar o primeiro princípio de MacArthur para instruir nossa família na Bíblia.

Moisés expõe a incumbência dos pais em Deuteronômio 6.4-9. Perceba os métodos nos quais esta parte da Escritura descreve a necessidade de estarmos constantemente incutindo a verdade de Deus em nossos

---

3 John MacArthur, *Successful Christian Parenting* (Nashville, Word Publishing, 1998), p. 12.

filhos. Ele usa palavras como *inculcar* e descreve *toda ocasião imaginável* como uma oportunidade de ensino! Moisés também faz do lar *o cenário* de apresentação da Palavra de Deus!

> *Ouve, Israel, o SENHOR, nosso Deus, é o único SENHOR. Amarás, pois, o SENHOR, teu Deus, de todo o teu coração, de toda a tua alma e de toda a tua força. Estas palavras que, hoje, te ordeno estarão no teu coração; tu as inculcarás a teus filhos, e delas falarás assentado em tua casa, e andando pelo caminho, e ao deitar-te, e ao levantar-te. Também as atarás como sinal na tua mão, e te serão por frontal entre os olhos. E as escreverás nos umbrais de tua casa e nas tuas portas.*

O Novo Testamento também revela nossas responsabilidades, como pais cristãos, de ensinar nossos filhos a conhecer a Bíblia. Efésios 6.4 diz aos pais que criem seus filhos "na disciplina e na admoestação do Senhor". Certamente, a instrução do Senhor inclui um genuíno conhecimento da Palavra! Timóteo é um exemplo bíblico de um jovem cheio do conhecimento das Escrituras. Paulo, em sua segunda carta a Timóteo, recorda, com gratidão, a fé sincera deste jovem, e o que lhe foi ensinado por sua avó e sua mãe. (2 Tm 1.5). Posteriormente, Paulo percebe que Timóteo havia se familiarizado com as Escrituras desde a infância (2 Tm 3.15). Uma criança criada num lar de pais cristãos pode não chegar à graduação superior, na universidade, no entanto, deverá ser conhecedora da Bíblia! De que maneira os pais podem realizar sua responsabilidade de ensinar a Palavra de Deus para sua família?

Leve-os a uma igreja onde a Bíblia seja ensinada

Muitos pais pensam que, se levam seus filhos a qualquer igreja, sua tarefa está cumprida. Não é bem assim! Nossa obrigação é levá-los a uma igreja onde a Bíblia é cuidadosamente ensinada! Uma igreja que ensina fielmente as Escrituras é *um imenso auxílio* a famílias que desejam incutir a Palavra de Deus nos corações de seus filhos. O alimento sólido da verdade transformadora, ensinada por um pastor piedoso e outros professores, fornece sustento para toda a família. Investir alguns minutos, em casa, após a participação nas atividades da igreja, para compartilhar com seus filhos o que aprenderam, pode plantar a verdade ainda mais profundamente em seus corações. Com apenas algumas perguntas, você terá uma idéia melhor do que estão aprendendo, que dúvidas eles têm e, pessoalmente, terá a oportunidade de reforçar a verdade.

Conduza o culto familiar

O culto em família é um dos mistérios da liderança espiritual que parece mais difícil de compreender do que precisa ser. Quando alguns homens ouvem que devem liderar o devocional familiar em casa ou quando ouvem que no ensino dos Puritanos o pai é o pastor de sua família, eles entram em pânico. Pensam que têm de fazer um culto em casa. Tentam fazer com que suas famílias cantem hinos e até preparam um sermão para ser pregado a sua esposa e filhos. A experiência de muitos homens tem mostrado que este método funciona somente uma vez (no melhor caso). Depois disso, o pai e sua família desanimam e acabam *não fazendo nada*.

Ao invés disso, vamos tornar o culto em família algo bem mais simples. Ponha a Bíblia sobre a mesa do jantar. Quando estiverem juntos, após o jantar, leia-a! Você pode ler um capítulo, um parágrafo ou mesmo um versículo ou dois sem nenhum comentário. Sugiro que você comece por um dos evangelhos e leia toda a história de Jesus em pequenas porções até o final. Após a leitura diária, cantem juntos. Vocês podem cantar uma estrofe de algum hino familiar ou um corinho cristão infantil. Então orem. Da mesma forma, sua oração pode ser tão simples como pedir a bênção de Deus sobre sua família.[4]

Poderia a leitura da Bíblia levar a algumas questões ou discussões? Claro, mas não tem necessariamente de ocorrer assim, a fim de ser um tempo proveitoso. Freqüentemente peço que minha família repense algumas questões e me surpreendo sobre o quanto até nosso pequeno de três anos aprende na nossa simples reunião familiar sobre a Palavra de Deus. Há inúmeras formas de uma família conduzir seu momento devocional. O simples método que expliquei tem sido efetivo em nossa família e em muitas outras que o têm experimentado. Entretanto, a chave é encontrar algo que você e sua família façam *com facilidade e freqüência!*

Leia a Bíblia com sua esposa
Embora não existam versículos que digam: "Lerás

---

[4] Recomendo a leitura do livro de Jerry Marcellino, *Redescobrindo o Tesouro Perdido do Culto Familiar* (Editora Fiel, São José dos Campos, SP).

a Bíblia com tua esposa", levar sua família a conhecer a verdade de Deus é um princípio claro. Quanto tempo sua esposa tem empregado em ler a Bíblia? Que questionamentos ela tem? De que forma ela tem praticado o que está aprendendo? Um chefe de família precisa conhecer as respostas a essas questões. Uma maneira de fazer isso é ler um mesmo livro da Bíblia juntos. Repito, ainda que pareça muito simples, você ficaria maravilhado com a profundidade do diálogo espiritual que podem ter, apenas lendo os mesmos capítulos da Bíblia por uma semana e conversando por alguns minutos sobre o que aprenderam. À medida que Deus instrui a ambos individualmente, os benefícios são duplos, uma vez que vocês tiram um tempinho para compartilhar um com o outro. O importante é que sua esposa leia, aprenda e aplique a verdade de Deus e que você a ajude nessas áreas. Há milhares de maneiras de colocar isso em prática; escolha uma e seja fiel.

Aproveite os momentos ensináveis

Há muitos momentos na vida de uma família em que um de seus membros têm uma abertura especial para instrução da Palavra de Deus. Quando uma de minhas filhas sabe que fez algo errado, seu coração se abre especialmente para ouvir a perspectiva de Deus a respeito desta atitude específica. Quando sua esposa está no fim de suas forças e desesperada por socorro, ocasionalmente um versículo ou dois proporcionam uma ajuda perfeita, para encorajá-la e para ajustar o foco.

Procure um meio de unir a verdade de Deus aos acontecimentos cotidianos. Quando minha esposa estava lendo a história dos deuses gregos para nossa filha, ela acrescentou Romanos 1.18-23, para mostrar-lhe por que os pagãos da Grécia Antiga fizeram deuses. Parece que Deus, com freqüência, usa o que estou lendo, ou versos que memorizei recentemente, para fazer uma perfeita conexão com um determinado acontecimento na vida de minha família. Aproveite essas oportunidades!

Encorage sua família a aproveitar as oportunidades para aprender a Bíblia

Embora a liderança espiritual inclua instruir sua família na Bíblia, você não tem de ser o único instrutor ou mesmo o melhor! Às vezes, você completa sua missão de instruí-los na verdade de Deus levando-os a uma boa igreja. Outras vezes, você pode ajudá-los a aprender a Bíblia encorajando-os a tirar proveito de oportunidades especiais.

A sua igreja promove acampamentos para jovens?

A Palavra de Deus é efetivamente ensinada lá? Leve seus filhos! Encorage-os e, ainda, abra mão de outras coisas para levá-los. Há algum retiro para mulheres, ou mesmo estudos bíblicos? Ofereça-se para tomar conta das crianças, para que sua esposa possa participar e ouvir os ensinamentos da Palavra de Deus. Incentive sua família a ler bons livros que expliquem e apliquem a Bíblia à vida diária. Supra sua esposa e filhos com gravações úteis de conteúdo bíblico e recursos que os equipem para estudarem a Bíblia por si mesmos. Assim como nós, eles precisam de incentivo para priorizar a Bíblia em seu dia a dia. Deus diz: "Pelo contrário, exortai-vos mutuamente cada dia, durante o tempo que se chama Hoje, a fim de que nenhum de vós seja endurecido pelo engano do pecado" (Hb 3.13). Você pode ser esse incentivo útil. Simplesmente pela sua liderança, empregando um pouco de tempo ou dinheiro, você pode ir longe ao cumprir fielmente sua responsabilidade de ensinar a Bíblia à sua família.

5) Ore por sua família, ore com sua família

Você não pode fazer sua família crescer espiritualmente. Por mais que tente instruí-los na Verdade e por mais que lhes apresente bons ensinos e boas amizades com cristãos fortes, somente o poder do Espírito Santo pode transformar tudo isso em progresso espiritual. Apesar de não *poder* fazê-los crescer, você pode falar com Aquele que pode!

O único momento em que você ora com sua esposa é quando está pronto para colocar a comida na boca? Não me diga! É importante orar regularmente com ela e por ela. As ferventes orações em favor dos irmãos, tanto pessoalmente como nas igrejas, era uma marca no ministério de Paulo. Em quase todas as cartas que Paulo escreveu, há alguma menção da freqüência de sua oração pelos destinatários. "Sempre dou graças a [meu] Deus a vosso respeito..." (1 Co 1.4). "Não cesso de dar graças por vós, fazendo menção de vós nas minhas orações" (Ef 1.16). "Também nós, desde o dia em que o ouvimos, não cessamos de orar por vós..." (Cl 1.9). "Sem cessar, me lembro de ti nas minhas orações, noite e dia" (2 Tm 1.3). Paulo orava quando queria influenciar espiritualmente outra pessoa. Você quer influenciar sua esposa para Jesus?

Ore pela maturidade espiritual dela. Tome por modelo algumas das orações de Paulo (Fp 1.9-11 ou Cl 1.9-12) e personalize os pedidos em relação a sua esposa. Peça a Deus que dê a ela força para superar tentações específicas que ela esteja enfrentando. Pense em algumas virtudes nas quais você gostaria de vê-la crescer, então ore para que ela se desenvolva em tais virtudes. Peça que Deus dê a ela graça nos seus trabalhos diários ou semanais. Ore para que o ministério que ela desenvolve na igreja seja abençoado. Peça a Deus que conceda a ela sabedoria e força, para pastorear os corações das crianças, enquanto você está no trabalho.

Quantas vezes por semana é você quem ora com as crianças, na hora de dormir? Embora não exista regra para orar com suas crianças ou orar por elas em certos momentos do dia, o princípio de orar por elas certamente se aplica. Ore para que bem cedo em suas vidas, Deus direcione seus corações a Jesus. Peça que Deus as faça crescer em caráter piedoso. Mesmo enquanto ainda estejam no ventre da mãe, ore pelo futuro cônjuge delas.

Algumas das pessoas pelas quais Paulo trabalhou arduamente em oração, ele nem mesmo conhecia pessoalmente. Quanto mais devemos nós, como líderes espirituais, buscar a Deus em favor daqueles que para nós são os mais preciosos na terra? Um amigo disse-me, certa vez, que, embora uma parte do corpo de Cristo talvez não seja capaz de modificar a outra parte do corpo, pode falar com a Cabeça sobre a parte a ser modificada! Peça a Cristo que faça sua esposa e seus filhos mais e mais à semelhança dEle.

6) Ajude sua esposa

Ainda que os funcionários de uma loja sejam individualmente encarregados de determinadas áreas, o gerente é o responsável por todas elas. Do mesmo modo, as tarefas de sua esposa são, basicamente, sua responsabilidade. Quando ela atua da melhor forma, você e toda a sua família são beneficiados. Não obstante, parte do papel dela é ser *sua* auxiliadora; se você for sábio, irá ajudá-la a ser uma boa auxiliadora!

Ajudar sua esposa a tomar boas decisões, administrar bem o seu tempo e assumir suas áreas de responsabilidade, realmente auxiliará você a ser o melhor que pode ser, para o Senhor. Deus também diz: "Quem ama a esposa a si mesmo se ama" (Ef 5.28). Se sua esposa ficar oprimida com os milhares de detalhes que a vida exige de sua atenção, não a despreze com o pensamento: "Se ela ao menos soubesse o que tenho enfrentado...". Seu cuidado em priorizar os detalhes da vida dela pode ser um fator de transformação para ela; e, no final das contas, para você também. Quando ela pedir sua ajuda, de todas as maneiras, ajude-a. Sem frustrá-la por subestimar suas tarefas, invista tempo em ajudá-la — isso trará muito lucro.

7) Seja Ativo na disciplina de seus filhos

Por motivos práticos, sua esposa pode ter mais oportunidades de disciplinar seus filhos durante o dia. Contudo, você é responsável pela disciplina deles. Efésios 6.4 deposita diretamente sobre os ombros do pai esta tarefa, quando Paulo diz: "Pais, não provoqueis vossos filhos à ira, mas criai-os na disciplina e na admoestação do Senhor". "Pais" não está resumindo pai e mãe (embora a Bíblia assuma que ambos participem da disciplina dos filhos). Paulo diz "pais", com o substantivo masculino plural, para enfatizar nossa responsabilidade pela disciplina e instrução. Nos dois primeiros versos de Efésios 6, Paulo refere-se a "pais", "pai e mãe", portanto ele poderia facilmente mencionar ambos os pais no verso 4 do mesmo modo, se esta fosse sua intenção.

Há inúmeras maneiras de realizarmos nossa responsabilidade, apesar da realidade prática de que muitas esposas estejam efetivamente mais ao redor de nossos filhos do que nós. Primeiro, administre a disciplina com freqüência. Quando você tiver oportunidade de disciplinar, faça-o. Uma coisa é afirmar que ajuda a sua esposa; porém, outra é seus filhos experimentarem este cuidado em primeira mão.

O livro notável de Tedd Tripp, *Pastoreando o Coração da Criança*, descreve a importância da disciplina consistente e apropriada às crianças.[5] Toda disciplina deve buscar atingir o coração da criança, ao invés de apenas mudar seu comportamento exterior. Obviamente, toda disciplina deve ser aplicada de maneira amorosa, e nunca durante um acesso de cólera. Às vezes, você está cansado e sente-se tentado a ficar mal-humorado no final do dia, e, outras vezes, você não estava em casa trinta segundos antes da desobediência de um de seus filhos. Ainda assim, não os ignore, nem fique na expectativa de que se afastem, nem tente passá-los para a responsabilidade de sua esposa. Assuma o seu posto! Peça ajuda a Deus. Pastoreie o coração de seu filho ou filha em direção ao Senhor Jesus Cristo.

Outra maneira de manifestar sua responsabilidade

---

5 Tedd Tripp, *Pastoreando o Coração da Criança* (Editora Fiel, São José dos Campos, SP).

em disciplinar seus filhos é certificar-se de que você e sua esposa concordam entre si. Alguns homens e mulheres tentam disciplinar com critérios diferentes de comportamento ou usando diferentes estilos de disciplina. Quantos filhos fazem de tolos estes pais astutos? Quantos manipulam habilmente tais diferenças, a fim de escapar do castigo e criar discussão entre o pai e a mãe? Um marido também se esforçará para encorajar e amparar sua esposa no disciplinar os filhos, ainda que não concorde com o que ela está fazendo. Disciplina fiel é um desafio para os pais, mesmo quando eles concordam com exatidão. A participação do marido, seu encorajamento e total apoio é decisivo. Como líder espiritual é necessário certificar-se de que você e sua esposa estão de acordo um com o outro. Determine o que a Bíblia diz e, então, conduza sua esposa a ajudá-lo a cumprir sua responsabilidade de disciplinar seus filhos, no Senhor.

Imagine a preocupação do gerente da loja, quando o proprietário retorna, pela primeira vez, para uma visita. Ele permanece em suspense, enquanto o proprietário lentamente passa pelos corredores; ele se esforça para ouvir, enquanto o dono conversa com antigos clientes. Finalmente, depois de ter examinado até a sala de estoque, ele abre um caloroso sorriso e diz ao gerente: "Bom trabalho!"

Como administradores espirituais de nossa casa, temos uma responsabilidade desafiadora. Entretanto, Deus acredita que estamos preparados para a tarefa. Ele está inspecionando nossa família e nos julgará como os primeiros responsáveis. Certamente temos falhado e falharemos novamente. Somos agradecidos por sua graça e misericórdia a despeito de nossas falhas. Mas, você não quer chegar ao fim de sua vida e ver o sorriso de Deus, dizendo: "Bom trabalho!"?

Esta responsabilidade começa com você. Começa no seu interior, quando seu coração se direciona para Deus. E continua no exterior, quando você sai do banco do passageiro e começa a praticar a liderança familiar.

CAPÍTULO 4

Comunicação

Outro grande segredo de um casamento é o campo da comunicação. Muitos pastores e conselheiros falam de comunicação como *a chave* para um ótimo casamento. Esposas expressam preocupação por seus maridos não serem melhores *comunicadores*. Livros sobre matrimônio exaltam unanimemente as virtudes deste misterioso campo da *comunicação*. A despeito das elevadas palavras de louvor à comunicação, muitos homens parecem estar velejando num denso nevoeiro a respeito de seu real sentido! Comunicação realmente é importante. E é mais fácil do que se imagina!

No colegial, passei um ano trabalhando na estação de rádio da escola. Aprendi sobre a atividade do rádio, o equipamento de radiodifusão, tirei minha licença para trabalhar com isto e, algumas vezes, apresentei o programa da manhã. Embora preferisse ser Johnny Fever tocando as "40 mais pedidas", eu era "John Crotts, Locutor Clássico". A estação transmitia para o potencial de um milhão de ouvintes... mas somente cerca de dez mil realmente a sintonizavam. Todos os grandes elementos de comunicação estavam presentes nesse mundo de radiodifusão.

Cada manhã, depois do nascer do sol, alguém começaria a transmissão com um "Bom Dia" e a introdução de uma boa música clássica. As notícias, o tempo e o noticiário comunitário também eram incluídos, ao longo do dia. Aqueles dez mil ouvintes procuravam em seu rádio a FM 90.3, para sintonizarem nossos programas.

Às vezes, quando um ouvinte apreciava alguma das músicas ou era ajudado por algum de nossos anúncios, ele ligava ou escrevia para expressar sua gratidão. No entanto, outras vezes, ligavam para nosso telefone de contato, a fim de corrigir algo que um dos locutores tivesse dito (coisas como aqueles nomes difíceis de maestros, por exemplo!).

Uma estação de rádio ilustra a comunicação em poucas palavras. O grande e misterioso segredo da comunicação é esclarecido, quando percebemos que a comunicação se resume simplesmente em enviar e receber mensagens. Você envia uma mensagem, quando fala ou quando usa linguagem corporal, para transmitir alguma coisa a outra pessoa. Esta mensagem é recebida, quando o outro entende o que você está dizendo. De acordo com a resposta enviada, você pode saber se a mensagem foi claramente recebida.

Por que é tão importante que líderes espirituais se comuniquem com sua família?

1) Você pode influenciar mais sua família para Deus, se conversar com ela

Deve estar bem evidente que, se você é responsável por instruir sua família na Palavra de Deus, quando estiverem sentados ou andando, de dia e de noite (Dt 6.4-9), você tem de falar com ela! *Cada uma* de suas tarefas como líder espiritual é realizada de maneira mais efetiva, se você está se comunicando bem com sua família.

2) Comunicação produz compreensão clara do bem-estar de sua família

Você deve conhecer o bem-estar de sua esposa e filhos antes de levá-los onde precisam estar. Num *shopping*, o primeiro passo para encontrar determinada loja é descobrir onde você está. Fazer boas perguntas e receber respostas claras são as melhores formas de saber onde sua família está exatamente e em que direção ela segue.

3) Comunicação esclarece questões

Empregar tempo em conversar com sua esposa proporciona um melhor entendimento das questões familiares. Também o ajuda a saber quando precisa ter um papel mais ativo. Sua esposa ou seus filhos já tomaram uma decisão causadora de grande transtorno, que poderia ter sido evitado, se você soubesse daquela decisão com antecedência?

4) Comunicação cria um contexto amoroso no qual se lidera

Um de nossos principais deveres como homens é amar nossa esposa como Cristo amou a igreja (Ef 5.25). O hábito constante de comunicação amorosa cria uma atmosfera amável em casa. Às vezes, líderes têm de tomar decisões desagradáveis. O que você pensa ser mais fácil: reagir bem a uma decisão rígida de um pai ditador, que entra no seu mundo e emite uma ordem, ou reagir bem a uma difícil decisão de um pai amoroso, que costuma entender suas opiniões e ouvir cuidadosamente seus apelos, antes de fazer uma escolha bem pensada?

5) *Comunicação promove a oportunidade para sua esposa ajudá-lo*

Deus fez as esposas para serem auxiliadoras (Gn 2.18; 1 Co 11.8-9). Sua esposa sabe o que acontece em sua vida? Ela está ciente de suas maiores provações ou tentações? Se alguém perguntar, ela poderia dizer cada uma das suas expectativas a respeito dela e das crianças? Repito, para ser totalmente óbvio, se a sua esposa souber o que acontece em sua vida, ela poderá ajudá-lo mais do que se não o souber.

Quando Deus diz, em Efésios 6.4: "E vós, pais, *não provoqueis vossos filhos à ira*, mas criai-os na disciplina e na admoestação do Senhor", você acha que Ele está preocupado com sua comunicação? Quando Ele diz aos maridos: "Amai vossa esposa e não a trateis com amargura" (Cl 3.19), o que isso revela sobre o quão importante é a interação, do ponto de vista de Deus? Em 1 Pedro 3.7, os maridos são admoestados a viver com sua esposa em discernimento. Como os maridos podem obter todo discernimento necessário para obedecer ao mandamento de Deus? Obviamente, conversando com sua esposa. Efésios 4.29-32 diz que é possível entristecermos o Espírito Santo, mediante nossa má comunicação. Esta questão não é de pouco valor! Descubramos como melhorar nossa comunicação.

Cinco chaves simples para tornar-se um comunicador mais efetivo

1) Lembre-se de que você está sempre se comunicando!

Se uma mulher pergunta a seu marido como foi seu dia, e ele responde resmungando e murmurando alguma coisa, enquanto passa por ela e enterra a cabeça no jornal, você pode pensar que ele não é um bom comunicador. Na verdade, ele é um ótimo comunicador, porém está enviando mensagens erradas! Quando suas *ações* são diferentes de suas *palavras*, qual mensagem é mais alta e clara?

Quando uma pessoa suspira, cruza os braços e franze as sobrancelhas, enquanto diz: "Eu gostaria realmente de ouvir sobre o problema de nosso filho na escola", a mensagem está confusa. Enquanto suas palavras são boas, a mensagem é realmente: "Não me incomode". Esteja ciente de que, ao contrário de minha antiga estação de rádio, seu transmissor está sempre ligado. A questão é: que mensagens estão sendo enviadas e recebidas, através de sua comunicação não-verbal com sua esposa e filhos?

2) Examine sua atitude

A mais importante atitude de um líder familiar piedoso é seu coração entregue a Deus. No capítulo anterior, vimos que a terceira tarefa de um líder familiar é "ter o coração de um líder devotado". As atitudes deste coração são: amor sacrificial, ternura, discernimento e honra. Jesus disse: "A boca fala do que está cheio o coração. O homem bom tira do tesouro bom coisas boas; mas o homem mau do mau tesouro tira coisas más" (Mt 12.34b-35). Se o seu coração é zeloso para com o Senhor e você ama muito a sua esposa, que tipo de coisas serão comunicadas a ela, de acordo com o que disse Jesus? Você não pode esconder a atitude de seu coração por muito tempo. Existe uma ligação direta entre seu coração e sua boca. Se atitudes piedosas enchem seu coração, suas palavras e atitudes honrarão a Deus. Se, por outro lado, egoísmo, ira e amargura enchem seu coração, então, palavras sarcásticas, cruéis ou arrogantes fluirão dele.

3) Discipline-se para falar com sua esposa e seus filhos

Nem sempre sinto vontade de exercitar-me. Mas, sei o quanto é importante, por isso faço exercícios físicos *independentemente* de como me sinto. Mais importante do que isto é conversar com sua família! Os seus sentimentos não deveriam determinar quando ou se você interage com sua família. Disciplina vê além de seus sentimentos imediatos e o desafia a fazer aquilo que tem de fazer.

Minhas filhas me cumprimentam freqüentemente à porta, depois de um dia exaustivo, dizendo: "Papai, você chegou bem na hora!" Embora esteja pronto para me esconder em algum lugar e ficar quieto por alguns minutos, elas vêm aguardando ansiosamente pelo momento de conversar com o papai. Não acho que você tem de chegar em casa e se transformar instantaneamente no "Super Falante" ou "Capitão Comunicação". É bom descansar e colocar alguma comida no estômago, depois de um dia árduo. Mas é vital disciplinar-se para ter um tempo de qualidade com cada pessoa que está sob sua responsabilidade. O hábito regular de apenas 15 minutos de conversa saudável começará a transformar sua família.

4) Faça bons questionamentos

Ser um bom comandante no campo de batalha requer boa informação. Você precisa saber a condição de seu equipamento e a prontidão de suas tropas. Você também conta com relatórios secretos sobre as condições do campo de batalha e a aptidão do inimigo. Um líder espiritual também precisa de informação. Para obter esta informação, ele precisa fazer bons questionamentos. Em vez de perguntar apenas como foi o dia de cada um, se as crianças estão tirando boas notas e o que há para o jantar, faça perguntas mais significativas. Pergunte a sua esposa em que circunstâncias ela está aplicando a Escritura em sua vida. Pergunte a seu filho como ele tem enfrentado as tentações. Pergunte a sua filha por quais motivos ela gostaria que você orasse. Sua esposa precisa de ajuda em alguma área de sua vida? Pergunte a ela. Descubra quem está no topo da lista de oração dela. A quem ela está tentando ajudar? Algumas destas respostas trarão o discernimento que lhe ajudará a assumir a responsabilidade por sua família. Muitas vezes, uma só pergunta pode desencadear uma conversa significativa. Contudo, seja cuidadoso em suas perguntas. Perguntas como essas farão sua esposa descobrir que você desvendou o mistério da comunicação!

5) Ouça cuidadosamente

Provérbios 18.2 diz: "O insensato não tem prazer no entendimento, senão em externar o seu interior". Logo depois, Provérbios 18.13 diz: "Responder antes de ouvir é estultícia e vergonha". Alguns homens têm a idéia de que uma boa conversa é: eu falo e você ouve. Entretanto, estes dois versículos nos convidam a sermos bons ouvintes. Se as mensagens não são recebidas, não ocorreu comunicação. Obviamente, você deve estar sintonizado, a fim de receber o sinal do rádio.

Ser um bom ouvinte, contudo, não é suficiente. Você precisa *mostrar* a sua esposa e a seus filhos que está ouvindo bem. Algumas vezes, em meu casamento, eu tinha a certeza de estar ouvindo; porém, minha esposa *preocupava-se* por eu não lhe dar minha total atenção. Então, eu abaixava a revista, colocava a TV no "mudo", virava o rosto em direção a ela e reagia apropriadamente ao que ela estava dizendo. Posso estar exagerando nessa demonstração, mas as esposas ficam claramente mais convencidas de que estão sendo ouvidas, quando lhes damos total atenção!

O dever de ser submissa a seu marido como ao Senhor nem sempre é tarefa fácil para uma esposa. No entanto, quando ela sabe que seu marido tem escutado as suas preocupações e tem considerado suas opiniões e solicitações, torna-se mais fácil aceitar até mesmo decisões difíceis. É possível que você esteja frustrando sua esposa e seus filhos por ignorar suas idéias, ao tomar decisões importantes?

Comunicação não é realmente um mistério. Envolve enviar e receber mensagens. Estas mensagens podem vir por meio de palavras e ações. Se alguma parte do processo falha, *não* ocorre comunicação; conseqüentemente, sua liderança espiritual é impedida. Por causa de sua esposa e seus filhos e, ainda mais, por causa do Senhor e de seu chamado confiado a você como líder espiritual, discipline--se nesta questão, a fim de tornar-se um comunicador efetivo.

Embora nossa clássica estação de rádio não fosse tão grande, tínhamos audiência fiel. Aquelas dez mil pessoas recebiam com alegria as mensagens que enviávamos.

Elas também comunicavam-se conosco expressando seu apreço. Ainda que você nunca se torne formalmente um locutor público, ao crescer como efetivo comunicador em sua família, você terá fiel audiência que apreciará suas amáveis mensagens.

FIEL MINISTÉRIO

O Ministério Fiel visa apoiar a igreja de Deus, fornecendo conteúdo fiel às Escrituras através de conferências, cursos teológicos, literatura, ministério Adote um Pastor e conteúdo online gratuito.

Disponibilizamos em nosso site centenas de recursos, como vídeos de pregações e conferências, artigos, e-books, audiolivros, blog e muito mais. Lá também é possível assinar nosso informativo e se tornar parte da comunidade Fiel, recebendo acesso a esses e outros materiais, além de promoções exclusivas.

Visite nosso site:

www.ministeriofiel.com.br

Impresso em Dezembro de 2024,
na Hawaii Gráfica e Editora